A arte da dedução de Sherlock Holmes 1

60 enigmas

inspirados no maior detetive de todos os tempos

Índice

A arte da dedução de Sherlock Holmes 1

Publicado por Carlton Books Ltd
20 Mortimer Street
Londres WIT 3JW

Editor do Projeto: Richard Wolfrik Galland
Texto e jogos: Tim Dedopulos
Design: James Pople
Produção: Dawn Cameron

Arte original de página inteira: Rebecca Wright
Arte e colorização adicionais: Chris Gould

Os editores também gostariam de agradecer a Mary Evans Picture Library pela gentileza de permitir a reprodução das figuras deste livro que aparecem nas seguintes páginas:

8, 12, 14, 21, 24, 27, 32, 33, 35, 37, 38, 39, 40, 41, 42, 43, 45, 50, 52, 53, 55, 56, 57, 59, 60, 61, 64, 66, 68, 69, 70, 71, 73, 78, 80, 92, 93, 100, 104

Coordenação Editorial: Daniel Stycer
Edição: Renata Meirelles
Direção de Arte: Leo Fróes
Tradução: Davi de Figueiredo Sá
Revisão: Isabel Oliveira e Sandra Valéria
Diagramação: Thiene Alves

Ediouro Publicações Ltda.
Rua Nova Jerusalém, 345 – CEP 21042-235 Rio de Janeiro – RJ
Tel.: (21) 3882-8200 / Fax: (21) 2290-7185
e-mail: coquetel@ediouro.com.br
www.coquetel.com.br
www.ediouro.com.br

ARDILOSOS

DIABÓLICOS

Introdução

O NOME DO MEU CARO AMIGO e companheiro, Mr. Sherlock Holmes, é familiar a todos que têm algum tipo de interesse no campo da investigação criminal. De fato, há semanas em que parece quase impossível pegar um jornal sem ver seu nome estampado na capa. Ao contrário do que ocorre com tantos, contudo, seu renome é justamente merecido – não é a troco de nada que ele é frequentemente proclamado o maior detetive, vivo ou morto, da Inglaterra. Pessoalmente, suspeito que suas capacidades não tenham igual em qualquer lugar do mundo neste tempo.

Eu mesmo tive a sorte de compartilhar das extraordinárias aventuras de Holmes e, se não pude rivalizar com sua perspicácia, me consolei atuando como seu biógrafo de facto. Também fico lisonjeado com a noção de que eu, algumas vezes, o aqueci com um pouco de calor humano. Passamos muitos anos, intermitentemente, dividindo o apartamento em 221B Baker Street, e gosto de pensar que a experiência enriqueceu as existências de ambos. Meu nome, apesar de isso pouco importar, é John Watson, e sou médico de profissão.

Meu caro amigo tem há muito tempo uma ambição de melhorar as mentes das pessoas. Ele falou frequentemente sobre escrever um livro que ajude a estimular os hábitos que considera tão vitais para a arte da dedução. Tal volume seria um passo revolucionário na história da humanidade, e certamente lidaria com observação, análise lógica, comportamento criminal, conhecimentos científicos e matemáticos, pensamento claro e muito mais. No entanto, ele ainda não se concretizou, pois o mundo é cheio de vilania e Sherlock Holmes sempre é atraído para a solução de problemas bem reais.

Mas, ao longo de nossas aventuras, Holmes nunca abandonou a causa de melhorar minhas modestas faculdades. Em inúmeras ocasiões, ele me apresentou oportunidades de pôr em funcionamento minha mente e resolver problemas que, para ele, se mostravam perfeitamente claros a partir das informações já disponíveis. Esses testes eram, por vezes, bastante complicados, nem sempre vinham nos melhores momentos, mas lidei com eles sempre no melhor de minhas capacidades. Agir de outra forma seria desonrar o generoso presente que meu amigo me dá, dedicando seu tempo ao meu desenvolvimento analítico.

Na verdade, acredito que suas lições tenham mesmo ajudado. Considero-me hoje mais consciente que em minha juventude e menos propenso a julgamentos apressados e conclusões falhas. Se adquiri algum talento a mais nessas áreas, devo isso inteiramente aos esforços que meu amigo empreendeu em meu benefício, pois certamente não é uma área para a qual eu tenha uma disposição natural. Traga um paciente enfermo e tenho plena confiança de que chegarei com rapidez ao diagnóstico apropriado e, dentro dos limites da ciência médica, a uma recuperação bem-sucedida para o pobre desafortunado. Mas minha mente não se volta naturalmente à criminalidade, violência ou fraude. Fosse este um mundo perfeito, então conviveríamos todos em cordial e honorável honestidade, e eu seria perfeitamente talhado para ele. Mas esse quadro está bem longe da realidade, e meu caro amigo está muito mais bem adaptado aos sombrios movimentos do mundo que eu.

Ainda assim, como já atestei, os pequenos testes de Holmes devem ter tido um efeito benéfico até mesmo sobre mim. Para quem está mais prontamente disposto a tais esforços, os resultados podem ser comensuravelmente poderosos. Assim, tomei a liberdade de montar esta coleção, dividida em dois volumes.

Trabalhando assiduamente com minhas notas, compilei algo em torno de 120 dos desafios que Holmes me propôs ao longo dos anos. Dividi esses desafios em dois livros com 60 testes cada. Zelei por descrever as situações tal como as encontrei no primeiro momento, com todas as informações pertinentes reproduzidas. As respostas estão tão detalhadas quanto pude torná-las. Algumas eu mesmo pude responder; para as outras, reproduzi as explicações de Holmes tão fielmente quanto minhas notas me permitiram.

Tentei reunir os testes em grupos de dificuldade – *elementares, simples, ardilosos* e *diabólicos*, para ser exato. Holmes tinha uma mente intrincada, e houve momentos em que ele esteve totalmente determinado a me deixar perplexo, enquanto em outras ocasiões os problemas eram simples o bastante para servir como exemplos ilustrativos de certos princípios. Acredito que eu tenha sido amplamente bem-sucedido na classificação da dificuldade das questões, mas peço sua paciência em assunto tão incerto. Toda questão é fácil quando se sabe a resposta, e o contrário é igualmente verdade.

Desejo fervorosamente que você ache este pequeno volume enriquecedor e divertido. Se ele puder afiar um pouco seu senso dedutivo, isso seria tudo que eu possivelmente desejaria; todo o crédito por tal avanço deveria ir para o próprio Holmes. Eu, como sempre, me contento em ser apenas o escriba. Tomei todas as precauções para que os problemas tenham soluções razoáveis, mas, se por algum remoto acaso, não for esse o caso, deve ficar claro que a culpa pesa somente sobre os meus ombros, e que nenhuma deve sobrar para o meu caro amigo.

Meus amigos, é com muito prazer que eu lhes apresento este volume dos desafios de Mr. Sherlock Holmes.

Seu sempre criado,

Dr. John H. Watson

PARTE UM

ELEMENTARES

Um Caso de Identidade

ENQUANTO CAMINHÁVAMOS PELO Regent's Park uma tarde, a caminho de St. John's Wood, Holmes chamou minha atenção para duas jovens mulheres engajadas em uma conversa algo séria com um homem pouco mais velho.

"Observe aquelas senhoritas, Watson. O que você pode me dizer sobre elas?"

Estudei-as atentamente. Elas eram tão parecidas quanto um par de vasos, idênticas na estrutura facial, no porte, nas vestimentas e nos cabelos. Eu disse isso ao meu companheiro, e julguei que deveriam certamente ser gêmeas.

"É mesmo?" Holmes parecia divertido. "De fato, posso lhe dizer que Louise e Lisa Barnes partilham da mesma mãe, do mesmo pai e precisamente do mesmo dia de nascimento, mas temo que você esteja redondamente enganado. Elas certamente não são gêmeas."

Você consegue explicar?

✱ Resposta na página 83 ✱

Uma Idade Difícil

"A LÓGICA É O MAIS IMPORTANTE, WATSON."

Sherlock Holmes estava pensativo, andando vagarosamente de um lado para o outro ao longo da sala de estar, cachimbo firme na mão. "Quanto maior sua capacidade de destrinchar um problema em sua mente e avaliar todas as ramificações dele, mais forte será o seu raciocínio dedutivo."

"É claro", respondi.

"Muito bem. Digamos que eu conheça um sujeito. Hoje é uma ocasião especial, pois há dois dias ele tinha 25 anos de idade, mas no ano que vem ele fará 28.

Como algo assim é possível?"

❋ Resposta na página 83 ❋

Pés Gelados

“VOCÊ REPAROU, IMAGINO,

que à noite, quando o apartamento esfria, o piso acarpetado da sala de estar é mais quente que o piso ladrilhado do banheiro”, disse Holmes.

“De fato”, concordei.

“Você parou para pensar sobre o porquê desse fenômeno?”

“Bem, o carpete...”, comecei, emudecendo ao perceber que nunca havia considerado a questão.

“Mas você certamente não deve pensar que o carpete tenha uma temperatura diferente do azulejo. O apartamento é aquecido de maneira uniforme, afinal de contas.”

“É claro que não.”

“Então, qual a diferença?”

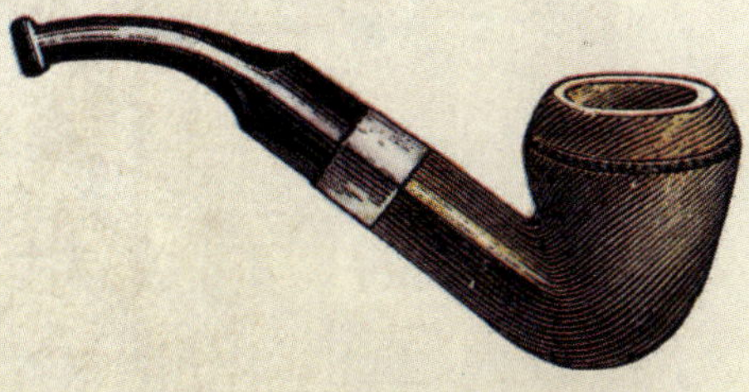

Resposta na página 83

A Primeira Curiosidade

HOLMES FREQUENTEMENTE EXALTAVA as virtudes do absurdo como forma de se libertar do confinamento do pensamento rígido. "Watson", ele me disse certa vez, "o ridículo é um dos melhores métodos para destruir a mão de ferro do pensamento comum."

Com isso em mente, ele começou a me lançar problemas desconcertantes e, às vezes, absurdos nos momentos em que eu menos esperava.

O primeiro me pegou completamente desprevenido.

"Considerei dotar uma casa de janelas viradas para o sul em todos os quatro lados", Holmes declarou, para meu espanto. "Você acha que é uma boa ideia?"

✻ Resposta na página 84 ✻

O Tolo

O INSPETOR LESTRADE CONVENCEU

Holmes e eu a irmos com ele até Dawes Heath, em Essex, onde um carregamento de banha de ganso sumira em circunstâncias bastante peculiares. Estávamos passando pelo pequeno vilarejo quando Lestrade subitamente se dobrou de tanto rir.

"Você tem de ver isso, Holmes." Ele nos fez um gesto em direção a uma cabana pequena e comum, onde havia, do lado de fora, um pobre-diabo talhando um pedaço de madeira. "Este sujeito é o idiota do vilarejo", disse Lestrade discretamente. "Ele é muito burro. Se lhe oferecerem uma moeda de um centavo ou uma de dez centavos, ele sempre pegará a de um centavo."

"É mesmo?" Holmes parecia se divertir.

"Veja", disse o inspetor. Ele fuçou o bolso por um momento e tirou de lá duas moedas, e as ofereceu num gesto grandioso ao nativo. O rapaz levantou de um salto e, com grandes sons de simpatia, pegou o centavo e saiu dando pinotes, exultante com o brilho do cobre. Lestrade pareceu muito satisfeito consigo mesmo.

"Se há um tolo aqui", Holmes disse maliciosamente, "não é aquele sujeito."

O que ele quis dizer?

❋ Resposta na página 84 ❋

Corrida de Coelhos

"VOCÊ JÁ PARTICIPOU DE UMA corrida de coelhos?" A pergunta bastante peculiar de Holmes me pegou de surpresa e parei na rua para encará-lo. "Por que a pergunta?"

"Eu estava pensando em uma pergunta desafiadora para você, meu caro Watson", ele respondeu. "Essas coisas podem ser bastante reveladoras."

Dei de ombros. "Por favor, continue, se a minha falta de experiência no assunto não invalidar o problema."

"Nem um pouco, o problema é bastante elementar. Imagine, então, um par de coelhos bastante sociáveis, acostumados há muito tempo um com o outro. Instruídos a correr para a diversão das crianças, eles se contentam em correr lado a lado e à mesma velocidade, fazendo companhia um ao outro e, inevitavelmente, empatando."

"Parece plausível", arrisquei.

"Após a corrida, um dos juízes nota que a primeira e a segunda metades da corrida levaram o mesmo tempo, e que o último quarto durou tanto quanto o penúltimo. Se os primeiros três quartos levaram 6¾ minutos, quanto durou a corrida toda?"

✷ Resposta na página 84 ✷

O Barril

"VENHA, WATSON", DISSE HOLMES.

"Vamos testar sua musculatura mental com um desafio simples."

"Muito bem", respondi.

"Imagine-se confrontado com um grande barril de água aberto no topo", Holmes me instruiu. "Você sabe que ele está próximo de estar cheio até a metade, mas não sabe se está exatamente na metade, ou mais ou menos da metade cheio. Sem nenhum instrumento disponível para medir a profundidade da água, você consegue pensar em um método para verificar seu estado?"

✻ Resposta na página 85 ✻

O Primeiro Teste Mental

"MEU CARO WATSON, UMA MENTE aguçada deve ser capaz de seguir uma linha de raciocínio lógico através de labirintos intrincados frente aos quais até Ariadne vacilaria."

"Me atrevo a dizer que isso é verdade", respondi. "Posso então entender que você tem algum desafio para mim?"

"Eu não poderia dizer", Holmes replicou, "mas se você o fizesse, seu entendimento estaria bem fundamentado."

"Muito bem", eu disse. "Por favor, continue."

"Isso deve ser um aquecimento leve. Há algo que lhe pertence, que é seu, e sempre foi. Apesar disso, todos os seus amigos o usam, enquanto você mesmo raramente tem essa chance. Do que estou falando?"

❋ Resposta na página 85 ❋

Assovio

“VOCÊ DEVE TER REPARADO QUE

uma chaleira fica mais silenciosa pouco antes de ferver”, disse Holmes.

Concordei com um aceno.

“Por que você acha que isso acontece?”

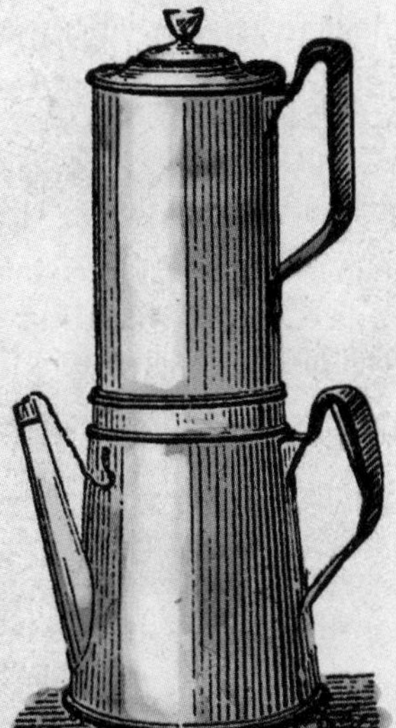

❋ Resposta na página 86 ❋

A Primeira Extravagância Literal

COMO VOCÊ DEVE ESTAR CIENTE, com este volume em suas mãos, tenho alguns poucos resquícios de habilidade na confecção de frases. Hesito em chamar minha faculdade de talento, mas espero ter conseguido documentar as extraordinárias aventuras de meu amigo de maneira interessante.

Entre seus esforços para melhorar minhas habilidades básicas de dedução e investigação, Holmes desafiaria, de tempos em tempos, minha capacidade linguística. Apesar de se tratar de uma mudança de ritmo em relação a alguns de seus pequenos desafios, ele conseguia mesmo assim fazer com que seus jogos com palavras fossem para mim um verdadeiro desafio. Essas provas podem ser divertidas para você e são oferecidas nesse espírito.

Eu estava cuidando de meus próprios afazeres, uma manhã, mastigando um pedaço da torrada da Sra. Hudson, quando Holmes irrompeu, subitamente: "Honorificabilitudinitatibus!"

Consegui balbuciar: "Como?"

"Honorificabilitudinitatibus, Watson. Mais conhecido como 'relativo à honra', em inglês. Você pode culpar o mestre Shakespeare por sua inclusão no cânone da língua inglesa. Ou, se aquela monstruosidade não lhe agradar, que tal 'unimaginatively', 'verisimilitudes' ou 'parasitological'?"

"Não o entendo", comentei.

"O que essas palavras têm em comum, homem? Deve ser muito simples para um sujeito com as suas habilidades."

✷ Resposta na página 86 ✷

A Refeição

HOUVE UMA OCASIÃO EM QUE EU

consegui deixar o grande Sherlock Holmes perplexo com um desafio, que o desconcertou sobremaneira. O problema é simples. Uma mulher deu comida a um homem. Ele comeu. Como consequência direta e absoluta disso, ele morreu. Se ele não tivesse comido, sua morte teria sido evitada.

Como eu expliquei, em resposta ao breve questionamento de Holmes, a comida estava perfeitamente saborosa. Não estava nem um pouco envenenada ou estragada, nem carregava nenhuma doença. Não fora roubada, ou sujeita a algum erro de identificação, e ninguém veio procurar por ela depois. O homem não teve problemas ao comer, sem desconfortos ou obstrução das vias aéreas. De fato, ele gostou, e sua morte aconteceu bastante tempo depois. Mesmo assim, a comida que ele ingeriu naquela ocasião específica foi a única responsável por sua morte.

Você consegue enxergar a resposta que nem o maior detetive do mundo conseguiu?

❋ Resposta na página 87 ❋

Eureka

"FAÇAMOS UM PEQUENO EXERCÍCIO

de raciocínio sobre a dinâmica dos fluidos, Watson."

Holmes parecia estar bem-humorado e prontamente concordei com a sugestão.

"Se você colocar uma pequena embarcação em um tanque de água, ela deslocará uma quantidade de água de peso igual ao dela, levando o nível de água a subir. Então, deve estar claro que, se você puser um peso de aço dentro da embarcação, o nível da água subirá ainda mais."

"De fato."

"Então, o que você acha que aconteceria se jogássemos o peso para fora da embarcação e para dentro da água? O nível subiria, se manteria ou diminuiria?"

✻ Resposta na página 87 ✻

Regent Street

ENQUANTO PASSÁVAMOS POR REGENT

Street uma tarde, Holmes parou para falar com um pintor que, com seu ajudante, terminava o trabalho de retocar os postes de iluminação ao longo da rua.

Holmes rapidamente observou que os homens se dividiram entre as porções leste e oeste da via. Um chegou mais cedo e começou o trabalho, mas escolheu o lado errado. O outro chegou após três postes estarem prontos e o primeiro homem voltou para começar do outro lado. Nós os encontramos quando eles estavam terminando e, para acelerar o processo, o homem que chegou mais tarde foi para o final do lado do companheiro e pintou seis postes para ele.

Tendo terminado, os homens ficaram curiosos para saber qual deles pintara mais postes, o adiantado ou o atrasado, e qual a diferença. Eles confirmaram que havia o mesmo número de postes de ambos os lados.

Holmes solucionou o problema de forma elementar e indicou que eu deveria explicar. Qual teria sido a sua resposta?

✱ Resposta na página 87 ✱

Cavalgada

"PERMITA-ME INCOMODÁ-LO COM

uma pequena pergunta sobre uma viagem a cavalo", Holmes disse.

"Não tenho cavalgado muito bem ultimamente", respondi.

"Isso não tem importância. Não afetará sua apreciação da questão."

Assenti. "Muito bem."

"Em uma viagem pelo interior, você viaja ao seu destino a razoáveis 12 quilômetros por hora. Na volta, seu passo é mais modesto, em respeito ao cansaço de sua montaria, e chega a apenas 8 quilômetros por hora. Qual é a sua velocidade média para a jornada?"

❋ Resposta na página 88 ❋

O Segundo Teste Mental

"VOU ME AUSENTAR POR ALGUM tempo, Watson." "Acredito que você irá se divertir", respondi.

"Creio que esse tempo será mais bem aproveitado pela combinação de um pouco de negócios com algum trabalho mental de sua parte", Holmes me disse.

"Hein?"

"Terei prazer em lhe pagar uma xícara de chá se você me encontrar na esquina da Rua Strand em um momento preciso."

"E que momento será esse?"

"Deve ser uma questão elementar para você deduzir, meu amigo. Três horas antes do horário do encontro, terá decorrido tanto tempo desde as três da manhã quanto faltará até as três da tarde. Vejo você lá?"

Assegurei-lhe que me veria. Você poderia ter feito o mesmo?

❋ Resposta na página 89 ❋

A Gangue

UMA TARDE, APÓS SHERLOCK HOLMES

e eu termos dado assistência à Scotland Yard em uma questão um tanto delicada, o inspetor Lestrade aproveitou a oportunidade para desafiar meu amigo com o que ele esperava que fosse uma charada complicada. Suas esperanças eram infundadas, é claro, mas tenho certeza de que isso não é surpresa.

"Estive em uma invasão de domicílio ontem, Sr. Holmes", começou o inspetor. "Coisa feia. Um grupo de jovens corpulentos agarraram um homem e sua esposa do lado de fora da casa deles e os mantiveram ali à força. Enquanto isso, dois deles arrancaram a porta a chutes e se precipitaram para dentro. Eles saíram alguns minutos depois com o tesouro mais precioso do casal. Então, para completar, em vez de saírem correndo como qualquer vilão normal faria, eles entregaram os espólios para a esposa, que estava aos prantos, e seguiram seu rumo. Eu vi a cena toda, mas não prendi ninguém. O que você acha disso?"

❋ Resposta na página 89 ❋

Os Gêmeos Hampstead

VOLTAMOS AO 221B BAKER STREET

no final de uma tarde, após termos passado o dia em Blackheath. A Sra. Hudson foi gentil o bastante para nos receber com um bule de chá e um prato de biscoitos. Antes de sair, ela olhou para Holmes e para mim.

"Já contei aos senhores sobre a minha sobrinha Katie?"

Balancei minha cabeça, mas Holmes se lembrou de que ela trabalhava para um casal em algum lugar de Hampstead, ao norte.

"Ela mesma", disse a Sra. Hudson. "Ela me contava na semana passada que os jovens da família acabaram de celebrar seus aniversários. Eles são gêmeos, um menino e uma menina. Nascidos com quinze minutos de diferença. Mas o aniversário da mais nova veio dois dias inteiros antes do aniversário do mais velho. O senhor consegue entender isso?"

❋ Resposta na página 90 ❋

O Terceiro Teste Mental

"MEU CARO WATSON, VOCÊ ME ENTENDERÁ

quando eu informar-lhe que um hipotético conhecido meu, Alfie, me contou sobre uma viagem de ônibus que ele fez recentemente."

"Entendo", respondi. "Essa é mais uma charada."

"Exato. Alfie me disse que seu ônibus estava bastante cheio, e ele não conseguiu se sentar num primeiro momento. Sua sorte mudou na exata metade do caminho, no entanto, e ele finalmente teve a chance de tirar o peso de seus pés. Quando faltava percorrer apenas o equivalente à metade do caminho percorrido a partir do momento em que ele sentara, um senhor enfermo embarcou no ônibus e Alfie cedeu-lhe gentilmente o assento. No final de sua jornada, ele decidiu calcular a proporção da viagem em que conseguiu evitar ficar em pé. Você consegue me dizer qual foi?"

❋ Resposta na página 90 ❋

PARTE DOIS

SIMPLES

A Placa de Sinalização

EU ESTAVA LIMPANDO MEU CACHIMBO

quando meu caro amigo interrompeu meus devaneios com o que ele chamou de um pequeno teste de engenhosidade.

"Imagine que estejamos nos descampados do interior seguindo uma pista rumo à solução de algum crime horrendo, Watson. Deve ser fácil fazer isso. Algum lugar razoavelmente desconhecido para você. Digamos Derbyshire."

"Muito bem", respondi. "Derbyshire."

"Saímos da vila de Mercaston ao mesmo tempo e nos dirigimos separadamente para Ravensdale Park. Devemos nos encontrar no vilarejo de Mugginton depois que eu tiver examinado a capela do 'Demônio do Cabresto'. Você sabe que as trilhas locais devem levá-lo de uma à outra, mas, tirando isso, não faz a menor ideia de onde fica Mugginton."

"Isso é fácil de imaginar", resmunguei.

"Você está andando pela via, quando chega à junção de cinco caminhos. Há uma placa de sinalização que mostra qual caminho leva a qual vila, mas, para seu desalento, ela foi derrubada e você não tem ideia de qual das quatro opções deve levá-lo a Mugginton. Você conseguiria achar o caminho certo?"

❋ Resposta na página 92 ❋

Água em Vinho

"AQUI VAI UMA PEQUENA PERGUNTA

para você, Watson." Indiquei minha prontidão para treinar meu cérebro.

"Pego duas taças de vinho, uma com o dobro do tamanho da outra. Encho a menor até a metade e a maior, apenas um terço. Depois, completo o restante da capacidade de ambas com água."

"Fico feliz por este ser um problema teórico", observei.

"Se eu despejar, em seguida, o conteúdo de ambas as taças em uma jarra vazia", Holmes continuou, "você pode me dizer qual proporção do líquido resultante será vinho?"

❋ Resposta na página 92 ❋

Alby

“É ASSIM, SR. HOLMES”, DISSE

a formidável Sra. Hudson certa manhã.

“Meu primo Alby trabalha como supervisor na Siderúrgica Millwall. Todas as manhãs, às 8 horas em ponto, ele desce as escadas. Quando chega ao seu destino, pouco depois, prepara para si uma xícara de chá e se arruma com os jornais matinais. Há um garoto que os vende logo na esquina do portão principal da usina. Sei que ele não consegue chegar à metade do jornal antes de pegar no sono e assim ele fica pelas próximas oito horas. O Julgamento Final talvez não seja o bastante para acordar o nosso Alby. Mas, mesmo assim, a direção está muito satisfeita com seu desempenho e com o quanto ele trabalha. Como o senhor acha que isso é possível?”

❋ Resposta na página 93 ❋

A Segunda Extravagância Literal

"CONSIDERE O HUMILDE EGILOPE alongado, Watson." Holmes andava pensativo de um lado para o outro e essas foram suas primeiras palavras depois de algum tempo. Olhei para ele com curiosidade.

"O gênero é Aegilops. É bastante parecido com o trigo no inverno. Ou, se Aegilops não for do seu agrado, que tal as palavras inglesas *billowy* ou *ghosty*? Aliás, não nos esqueçamos de *spoonfeed*."

A ficha caiu. "Um de seus jogos de palavras."

"O inglês é uma língua maravilhosamente excêntrica", Holmes concordou.

Qual a curiosidade sobre as palavras que ele mencionou?

❋ Resposta na página 93 ❋

O Tempo

HOLMES E EU VOLTÁVAMOS PARA

Baker Street após um dia decepcionantemente infrutífero, quando um sujeito do outro lado da rua nos chamou de modo um tanto abrupto.

"Você! Sim, você, com o chapéu esquisito! Diga-me que horas são!"

Holmes olhou para ele. "Se você adicionar um quarto do tempo do meio-dia até agora à metade do tempo que falta de agora até o meio-dia de amanhã, chegará precisamente à hora certa."

"Ora essa", o homem exclamou silenciosamente e continuou andando.

Você sabe que horas eram?

Resposta na página 94

A Segunda Curiosidade

EU ESTAVA OCUPADO COM A LEITURA

de um livro interessante, quando Holmes me assustou um pouco empurrando meu livro para baixo.

"Diga-me, meu caro Watson. Em quantas partes quatro quartos excedem três quartos?"

"Um quarto", respondi irritado.

Holmes me encarou com zombaria. "É mesmo?"

Resposta na página 94

O Natal da Sra. Hudson

A SRA. HUDSON TROUXE OUTRO PROBLEMA

ligado a seus familiares confusos para mim e Holmes, certa tarde de dezembro, e suspeito que movida mais pelo desejo de nos distrair com uma charada do que por alguma incerteza genuína de sua parte.

"Senhores", ela começou. "Serei a anfitriã de um encontro de parte da minha família este ano. Devo receber dois avós, quatro pais, um sogro, uma sogra, um irmão, duas irmãs, quatro crianças, dois filhos, duas filhas, três netos e, por fim, uma nora. Felizmente, não terei que lidar com cunhados. Estou curiosa para saber quantos lugares deverei por à mesa."

"A senhora irá precisar de uma mesa enorme, Sra. Hudson", comentei.

"Não necessariamente", declarou Holmes.

Qual o menor número de pessoas que podem estar envolvidas?

✷ Resposta na página 94 ✷

Neve

NUMA MANHÃ DE NEVE DE JANEIRO,

Holmes parou na rua para chamar minha atenção para um fato curioso. Fortes ventos haviam formado depósitos de neve nos lados do pavimento, mas, como ele apontou, havia um depósito de neve proporcionalmente bem maior encostado no poste de telégrafo próximo do que aquele formado contra a lateral de uma casa cerca de dez metros além dele.

Eu teria imaginado que o normal seria ocorrer o contrário, mas, após pensar um pouco, pude demonstrar satisfatoriamente a Holmes que eu compreendi o que ocorrera. O que foi?

❋ Resposta na página 95 ❋

Davy

HOLMES LARGOU O PAPEL QUE

segurava e olhou em minha direção certa manhã. "Imagino que você já tenha visto uma lanterna Davy."

"Aquelas coisas que os mineiros usam para evitar explosões, acredito. Basicamente, uma lamparina a óleo envolta por uma fina tela metálica."

"Essa mesma", disse Holmes. "Elas são populares porque não causam explosões quando entram em contato com gases inflamáveis. Os ignorantes costumam acreditar que isso acontece porque a tela é fina demais para permitir a passagem do gás, o que, é claro, é besteira. Mas você consegue desvendar a verdadeira razão?"

✻ Resposta na página 95 ✻

Suffolk

“QUERO QUE VOCÊ PENSE UM POUCO

sobre três vilarejos em Suffolk, Watson.”

Nesse ponto, já estava me acostumando com os desafios de Holmes. “Reais?”

“Sim, mas estou tomando liberdades flagrantes com a geografia real deles. Considere Crowfield, Hemingstone e Gosbeck.”

“Têm nomes apropriados.”

“Bastante. Pois bem. Digamos que Hemingstone esteja diretamente ao sul de Crowfield, e que estejam ligados por uma estrada reta. Gosbeck está a leste, a 12 quilômetros em linha reta da estrada que liga as duas outras cidades, e mais próxima de Hemingstone do que de Crowfield. Sua intenção é viajar de Hemingstone a Crowfield, mas, por um pequeno acaso, você descobre que tomou a rota que passa por Gosbeck. As estradas são igualmente retas. Chegando ao seu destino, você descobre que o caminho percorrido tinha 35 quilômetros. Quantos quilômetros a mais você andou?”

✻ Resposta na página 95 ✻

O Fogo

"AH, AQUI VAI UMA PERGUNTINHA

divertida para você, Watson."

"Você está preso em um pequeno vale descampado. Ele tem poucas centenas de metros de comprimento, menos que isso de largura, e é cercado quase inteiramente por montanhas íngremes que você não consegue escalar. Algum canalha, que tem más intenções quanto a você, começa um incêndio em uma extremidade e o vento espalha o fogo em sua direção. Não há onde se abrigar. Não há fonte de água. Você tem apenas os objetos que costuma carregar consigo – relógio de bolso, pistola, bloco de notas, lápis, cachimbo, tabaco e fósforos. Você consegue elaborar um plano que o salve de ser assado vivo?"

✱ Resposta na página 96 ✱

O Testamento

A ASSISTÊNCIA DE HOLMES FOI BUSCADA

para arbitrar um caso complicado de herança. Ele o fez a seu modo costumeiro, com apenas uma ou duas palavras, mas deixou o suplicante satisfeito.

O testamento fora feito por um homem cuja mulher estava grávida. Ele sabia que não viveria para ver a chegada da criança, então determinou que, se fosse um menino, este ficaria com dois terços de sua propriedade e a esposa, com um terço. Se, por outro lado, fosse uma menina, a mulher ficaria com dois terços e a filha, com um terço. Não compreendo como alguém pode pensar nesses assuntos com tanta frieza, mas essa não é a questão aqui.

No entanto, após a morte do homem, sua mulher deu à luz gêmeos: um menino e uma menina. A questão proposta a Holmes era a de como resolvê-la de acordo com os desejos do falecido.

Você consegue ver uma forma?

✻ Resposta na página 96 ✻

Modéstia

“ESTIVE DIANTE DE UMA JOVEM MODESTA

outro dia”, Holmes disse. “Ela receava me confessar sua idade real.”

“Como ocorre com muitas mulheres”, observei.

“De fato. Fui razoavelmente persuasivo sobre essa questão, no entanto, e finalmente a fiz admitir que ela era a mais velha de quinze crianças, todas nascidas com um intervalo de um ano e meio entre elas. Quando a moça confessou que sua idade era de oito vezes a do mais jovem de seus irmãos, soube na mesma hora quantos anos ela tinha.”

Qual era a idade dela?

❋ Resposta na página 96 ❋

O Catador

"VEJA AQUI, WATSON." HOLMES ESTAVA perto da janela de nosso apartamento em Baker Street. Aproximei-me dele e olhei na direção que apontava. "Esta é uma oportunidade rara de se ver um tipo realmente diferente – um catador de praia."

Olhei cuidadosamente e vi que Holmes indicava um sujeito vestido com trapos com um cabelo desgrenhado.

"Dê uma olhada no bronzeado forte de sua face", insistiu Holmes. "Você já viu uma tonalidade tão queimada?" Eu nunca vira, e disse isso. "Nenhuma outra profissão queima tanto assim a pele. Você tem alguma ideia do porquê?"

Resposta na página 97

A Casa

EM UMA OCASIÃO DE QUE VOCÊ DEVE

se lembrar se viu alguma das minhas outras notas, Sherlock Holmes e eu encontramos uma jovem com um problema bastante peculiar. Ela fora escolhida dentre várias outras candidatas para trabalhar como babá próximo a Winchester. O único requisito imutável era que ela cortasse o cabelo de determinada forma. Seu salário era extremamente generoso e suas tarefas eram as mais excêntricas.

Seu trabalho doméstico era bem mais leve do que qualquer moça teria suspeitado. De fato, ela era completamente proibida de entrar em uma das áreas da casa. Então, seu trabalho era leve, na melhor das hipóteses. Além disso, o filho da família estava em uma idade em que praticamente não precisava de supervisão. Na verdade, ele se ressentia claramente com a intrusão dela. Houve ocasiões, no entanto, em que lhe foi ordenado que vestisse determinadas roupas, sentasse em determinados locais dentro da casa e se engajasse em diversas ocupações sociais. Nesses momentos, o pai e a mãe da família se mostravam sociáveis e alegres. Fora dessas ocasiões, no entanto, eles eram bem menos amáveis.

Como se isso não fosse o bastante, a casa também tinha um observador persistente, um pequenino que parecia pairar por ali assistindo a tudo atentamente nas horas mais estranhas. Barulhos estranhos também eram ouvidos dentro do prédio de tempos em tempos. A jovem ficou cada vez mais intrigada com a estranheza de toda aquela situação e procurou Holmes em busca de uma explicação. Ele conseguiu dar-lhe uma quase imediatamente.

Você consegue?

❋ Resposta na página 97 ❋

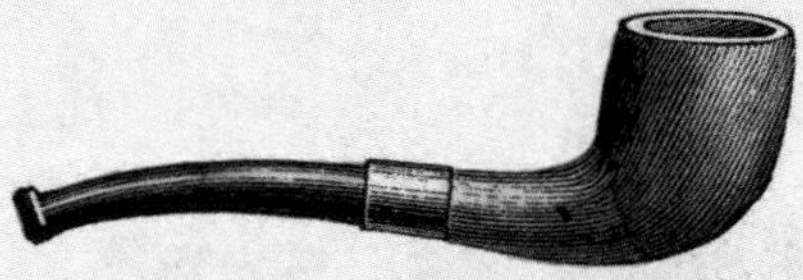

PARTE TRÊS

ARDILOSOS

A Estatueta

HOLMES PÔS DE LADO SEU JORNAL

e olhou para mim por sobre o café da manhã. "Você acha que tem cabeça para os negócios, Watson?"

"Atrevo-me a dizer que conseguiria aprender", respondi.

Holmes bateu levemente no jornal, pensativo. "Suponhamos que você seja um vendedor de antiguidades. Você tem em sua posse uma estatueta muito interessante. Um distinto senhor de idade entra em seu estabelecimento e declara que aquela peça lhe é familiar. Ele faz a compra entusiasmado e não pisca ao ver a etiqueta de £100.

"Completada a transação, o cavalheiro lhe informa que a peça forma um par; seu preço pela peça individual era justo, mas ela valia várias vezes aquele valor se acompanhada de seu par. Ele lhe oferece incríveis £1000 se você conseguir obter a outra peça e lhe dá o endereço do hotel onde ele está. Ele sai e, naturalmente, você começa a buscar informações sobre a outra estatueta.

"Alguns dias depois, um sujeito vem com uma companheira idêntica da estatueta que você vendera. Ele diz que ficou sabendo que você procurava a peça dele e se dispõe a vendê-la por £300. O que você diz? Esse parece ser um bom negócio?"

De fato, o que você acha?

✻ Resposta na página 99 ✻

Mãos Geladas

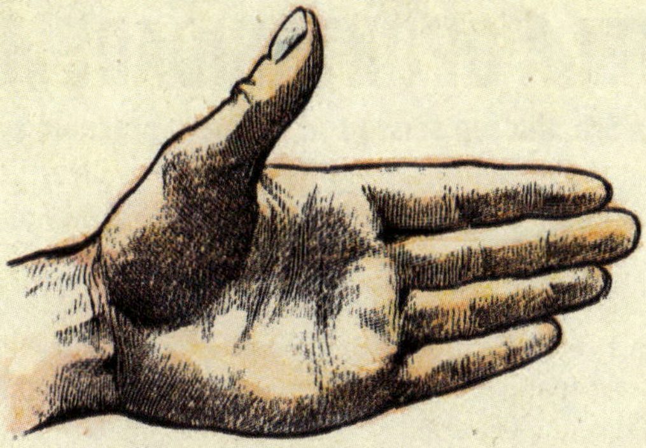

"TENHO OUTRA PEQUENA QUESTÃO

térmica para você", Holmes começou.

"Como quiser", respondi.

"Expire devagar na palma da sua mão. Assim mesmo. Qual a sensação?"

"Bem", respondi, "quente e úmida."

"Certo. Agora repita o processo, mas, desta vez, comprima os lábios e sopre vigorosamente."

"O efeito é consideravelmente mais frio", constatei.

"Mas o seu hálito – e a sua mão – têm a mesma temperatura em ambas as ocasiões. Então, por que a diferença?"

❋ Resposta na página 99 ❋

Dedicação

APROVEITEI A OPORTUNIDADE, DURANTE

um almoço em que a Sra. Hudson serviu seu delicioso presunto e tomates fatiados, para lançar uma charada inesperada para Holmes. Ele se divertiu, mesmo não tendo ficado confuso, então acho que ela pode divertir você também.

Há uma loja devotada à venda de um artigo em particular da vida cotidiana. Ela vende muitas variedades desse aparato, sendo que todas servem exatamente ao mesmo propósito geral. Algumas dessas variedades compõem-se de dezenas de milhares de peças individuais e móveis, enquanto outras consistem em menos de vinte dessas peças. Algumas são completamente sólidas, totalmente imóveis, e, ainda assim, funcionam tão bem quanto as mais complexas. Da mesma forma, seus tamanhos variam, podendo ser maiores e mais altas do que um homem ou até menores do que uma unha, mas a menor delas pode ter mais partes móveis do que a maior.

Você consegue identificar qual é esse artigo?

✱ Resposta na página 100 ✱

Grãos de Areia

CERTA MANHÃ, HOLMES ME ASSUSTOU

um pouco, brandindo uma ampulheta debaixo do meu nariz.

"Vamos pôr sua mente dedutiva para trabalhar, Watson. A areia desta ampulheta está toda em uma das extremidades. Se eu a virar, de modo que a areia comece a fluir para baixo, ela ficará mais leve por alguns instantes, por ter um pouco de suas partes constituintes em queda livre?"

Tive de pensar sobre isso por um momento.

❋ Resposta na página 100 ❋

A Pedra Verde

HOLMES E EU ESTÁVAMOS INVESTIGANDO um incidente infeliz ligado ao roubo da Pedra Verde de Harvington. Os proprietários, Rupert e Rebecca Coynes, adquiriram-na alguns anos antes. Na tarde do roubo, o casal se encontrou em um hotel londrino para tomar uma bebida, quando Rupert teve um ataque e caiu morto. Descobriu-se depois que ele havia sido envenenado e que foi por pura sorte que Rebecca não teve o mesmo destino.

Após o retorno da pedra, Rebecca teve dificuldade para entender por que ela continuou viva enquanto seu marido morrera. Ambos estavam perfeitamente saudáveis e tinham uma alimentação muito parecida. As duas bebidas possuíam a mesma quantidade de veneno e a constituição e a imunidade de Rebecca não eram diferentes das de seu marido. A seu favor, digo que ela se recusava a acreditar que foi alguma espécie de providência divina que a salvou, mas, compreensivelmente, o problema a oprimia com uma culpa considerável.

Sherlock Holmes ouviu placidamente a confusão angustiada de Rebecca e, quando suas lágrimas secaram, perguntou: “Diga-me, você teve muita sede naquela tarde?” Rebecca fez que sim, obviamente perplexa. Holmes sorriu e não disse nada, deixando para mim a tarefa de explicar.

❋ Resposta na página 101 ❋

A Terceira Curiosidade

"A SRA. HUDSON ME INFORMA QUE

seu verdureiro não pôde entregar, como de costume, um maço de alho-poró de 12" no mercado hoje e, em vez disso, vendeu-lhe dois maços de 6"."

"Ah, sim", respondi, com a cabeça longe do alho-poró.

"Ele a fez pagar um pouco mais também, pelo esforço de fazer dois embrulhos."

"Parece razoável", finalizei. Mas era mesmo razoável?

✻ Resposta na página 101 ✻

O Culto da Estrela Vermelha

HOLMES ESTAVA LENDO UM DE SEUS

romances baratos. Em pouco tempo, ele pôs o panfleto de lado e suspirou. "É óbvio", disse, "que o assassinato foi cometido pelo pai ou pelo cunhado da vítima. Ou pelo sogro do irmão da vítima. Ou, suponho, pelo irmão do sogro da vítima. Odeio quando o caso é tão claro."

Aquilo não me pareceu nada transparente e mencionei isso. "Você mesmo não consegue se decidir entre três assassinos prováveis."

"Bobagem", Holmes respondeu, seco. "Há apenas um candidato possível e o identifiquei com precisão."

O que ele quis dizer?

✱ Resposta na página 101 ✱

Cavidades

ANDÁVAMOS POR HYDE PARK

em certa tarde de verão, quando vi uma bola de golfe sob um arbusto. Eu a peguei e dei uma boa olhada.

"Veja, Holmes, uma bola de golfe. Elas são difíceis de ver hoje, mas estavam com tudo na época do meu pai."

"Alguém tem praticado suas tacadas", Holmes respondeu. "Um homem baixo, eu diria. Mas, sim, as bolas de hoje são muito superiores às antigas. E não apenas por causa do interior de borracha guta-percha."

"Não?"

"Você não é um golfista. As cavidades fazem com que a bola viaje até quatro vezes mais longe que um espécime idêntico, mas que não as tivesse."

"Pensei em começar a jogar", respondi. "Pode ajudar a manter minha condição física. Mas por que as cavidades fazem uma diferença tão grande?"

❋ Resposta na página 102 ❋

A Terceira Extravagância Literal

UMA TARDE, HOLMES ME ENTREGOU

um pedaço de papel. Ele tinha uma lista de palavras, como:

Uncopyrightable
Dermatoglyphics
Misconjugatedly
Hydropneumatics

"Uma de suas questões com palavras", suspeitei.

"De fato", respondeu Holmes. "Vistas juntas, essas palavras são as maiores da língua inglesa com exatamente qual característica?"

✱ Resposta na página 102 ✱

O Quarto Teste Mental

TOMÁVAMOS O CAFÉ DA MANHÃ

quando Holmes me disse: "Retornemos por um instante ao meu amigo hipotético, Watson."

"O astuto Alfie."

"Ele mesmo. Hoje, ele está acompanhado de vários membros de sua família – Fred, George e Harry. Os quatro estavam sentados para tomar chá, quando Alfie percebeu que George tinha o mesmo parentesco com Fred que ele tinha com Harry. Além disso, o próprio Alfie tinha o mesmo parentesco com Fred que George tinha com ele."

"Um problema enrolado."

"Você consegue desenrolá-lo?"

✸ Resposta na página 102 ✸

O Relógio

"VOCÊ SABE QUE NÃO TENHO UM GRANDE amor pelos Alpes", Holmes disse. Estivemos conversando sobre esquiadores. "Um dos perigos menos conhecidos é que pode ser difícil saber o horário com precisão."

"Você quer dizer se distrair?"

"Nada disso", Holmes respondeu. "Ambos os nossos relógios de bolso estão escrupulosamente exatos. Se eu fosse passar um tempo nos Alpes, tomando o cuidado de manter o meu relógio a uma temperatura ambiente correta a todo tempo, quando eu voltasse, nossos relógios mostrariam uma diferença perceptível. Isso apesar do fato de que a precisão do meu relógio não teria sido nem minimamente afetada. Você consegue imaginar por quê?"

❋ Resposta na página 103 ❋

A Bicicleta

UMA TARDE, EM MEU CONSULTÓRIO MÉDICO,

ouvi uma jovem paciente tentando extorquir de sua mãe uma bicicleta como recompensa pelo seu bom comportamento ao me deixar examiná-la. A mãe estava se divertindo, como eu, mas se manteve firme.

"Você pode ganhar uma bicicleta quando tiver exatamente um terço da minha idade, e não antes. Você ainda é muito jovem e não quero vê-la correndo por aí em uma dessas coisas."

A pequena claramente achou esse arranjo aceitável, pois esteve perfeitamente dócil durante o exame. Eu sabia, pelas minhas anotações, que a menina tinha 13 anos e sua mãe, 46. Quando expus a situação para Holmes, ele conseguiu descobrir, em um instante, quanto tempo levaria para a garota ganhar a bicicleta.

Você consegue descobrir?

❋ Resposta na página 103 ❋

Quadrado Perfeito

HOLMES ME ABORDOU PERTO DA JANELA

e lançou um desafio envolvendo a disposição dos nove dígitos de 1 a 9.

Procurei convencê-lo de que eu me sentia muito iluminado matematicamente, mas ele insistia que eu deveria praticar e, desta vez tentar combinar todos os dígitos em um único e grande quadrado perfeito. Como se tal pedido não fosse o bastante, ele completou, casualmente, que deveria ser o menor número quadrado perfeito possível.

Concordei o mais graciosamente que consegui e me retirei com o bloco de papel em mãos.

Você consegue achar a resposta?

❋ Resposta na página 104 ❋

A Quarta Extravagância Literal

"DIGA-ME, WATSON", DISSE HOLMES.

"O que teriam em comum as palavras mom e Otto?"

"Bem", comecei, "deve haver..."

"Cuidado, homem, pense um pouco no espelho."

Segui seu conselho e sugiro que você faça o mesmo.

✷ Resposta na página 104 ✷

A Troca

"VEJA QUE HORAS SÃO, POR FAVOR,

Watson, velho amigo."

Fiz o que ele pediu. "Um pouco depois das 4h42min, Holmes."

Ele assentiu. "Então, quando as posições dos ponteiros estiverem exatamente invertidas, será pouco depois das 8h23min."

"Precisamente", concordei.

"Dado que a posição do ponteiro das horas é fixada precisamente, momento a momento, pelo movimento exato do ponteiro dos minutos, há um número limitado de vezes em qualquer período de tempo em que as posições deles estejam precisamente invertidas. Se fossem 4h45min, não haveria alinhamento reverso."

"Entendo", respondi.

"Então, quantas vezes você acha que os ponteiros do relógio trocarão exatamente de posição entre as 3 da tarde e a meia-noite?"

✵ Resposta na página 105 ✵

O Circo

ERA UMA FRIA TARDE DE NOVEMBRO QUANDO

Holmes me informou que obtivera ingressos para assistirmos ao circo em Clapham Common naquela mesma noite. Expressei certa dose de surpresa, visto que ele nunca mostrara entusiasmo por tais distrações.

"Ah", ele disse. "Tive informações de que pode haver alguma desonestidade por acontecer."

Quando chegamos lá, encontramos uma companhia algo pobre, mas ainda assim entusiasmada e comprometida. Entre as atrações, havia uma pequena turma de músicos e seu condutor, um punhado de palhaços mais e menos grotescos, um par de acrobatas aéreos, um mágico com sua assistente, dois domadores e o obrigatório e grandioso animador.

A apresentação tinha bom público e a plateia parecia satisfeita enquanto o espetáculo seguia seu roteiro previsível. Durante a apresentação no trapézio, algo pareceu assustar Holmes, e ele saiu de seus devaneios, subitamente inclinando-se para frente. Menos de um minuto depois, a tragédia aconteceu. Um dos trapezistas calculou mal seu salto e despencou no solo. A plateia se dissolveu em uma massa desesperada, enquanto a música parou e altos gritos partiam da assistente do mágico. Empurrei as pessoas à minha frente para chegar até o picadeiro, mas era tarde demais.

"Temo que ele esteja morto", afirmei ao horrorizado animador.

"Assassinado", completou Holmes, logo atrás de mim.

O animador e eu nos viramos para encará-lo.

"Sim, assassinado", disse Holmes. "Nós assistimos ao vilão matá-lo e não fizemos nada."

O que ele quis dizer?

✻ Resposta na página 105 ✻

PARTE QUATRO

DIABÓLICOS

Em Paris

"VOCÊ PODE SE LEMBRAR DE QUE A FEIRA

Mundial aconteceu em Paris há alguns anos", disse Holmes.

Acenei. "Foi um grande espetáculo."

"De fato. Você ouviu falar sobre o irmão desaparecido?"

"Não." Inclinei-me para frente, a curiosidade atiçada.

"Um negócio curioso. Uma senhorita americana e seu irmão chegaram ao Ritz na tarde anterior à feira e foram para seus quartos. Eles jantaram juntos, mas a moça estava cansada, seu irmão estava exausto, e ambos foram para a cama cedo.

"Na manhã seguinte, a moça ficou surpresa, pois seu irmão não apareceu na hora marcada para o desjejum. Ela perguntou ao garçom se ele já havia comido e recebeu de volta apenas um olhar confuso. Quando ela foi procurar pelo quarto dele, o de número 13, foi incapaz de encontrá-lo e precisou de ajuda dos funcionários. O recepcionista informou, altivo, que não havia um quarto número 13. O gerente, quando chegou, disse o mesmo. Todos os funcionários insistiam que ela chegara sozinha e comera sozinha na noite anterior. O livro de registro mostrava apenas o nome dela. Os quartos do primeiro andar passavam direto do número 12 para o 14. Apesar da grande angústia, ela não conseguia encontrar evidências de que seu irmão jamais existira."

"Minha nossa!", exclamei perplexo.

"O que você acha que aconteceu?"

❋ Resposta na página 107 ❋

Pop Pop

"VOCÊ JÁ VIU UM DESSES ANTES, WATSON?"

Holmes me entregou um pequeno barco de lata. Ele não parecia ter nada de especial, à primeira vista, mas, olhando de perto, descobri o que parecia ser uma pequena caldeira na casa do leme e um cano saindo da parte de trás. Admiti que aquela coisa não era familiar.

"Um francês esperto o projetou", disse Holmes. "Um brinquedo infantil. Você alimenta o mecanismo com um pouco de água, acende a pequena caldeira e o coloca em uma banheira, piscina ou o que for. Uma vez aquecida a caldeira, o brinquedo se moverá por conta própria na superfície. Ele acelera em pequenos rompantes, emitindo um estalo."

"Engenhoso", comentei.

"Sim, muito. Como você imagina que ele funcione? Aquele cano é a única coisa que sai da caldeira."

❋ Resposta na página 107 ❋

Evasão

"VEJA SE VOCÊ CONSEGUE FAZER ALGO

com esta pequena evasão cronológica", Holmes me disse certa tarde.

"Vou tentar", prometi.

"Um homem e uma mulher discutem suas idades. Somadas, elas dão 49, e eles chegam à conclusão de que quando o homem tinha a idade que a mulher tem hoje, ele possuía o dobro da idade dela naquele momento."

"Entendo."

"Será? Qual a idade do casal agora?

❋ Resposta na página 108 ❋

A Quinta Extravagância Literal

"VOCÊ ESTÁ PRONTO PARA DAR

à sua mente um severo teste léxico, Watson?"

Confessei que "severo" parecia um tanto assustador, mas desde que não houvesse um castigo severo para a derrota eu estava preparado para dar o meu melhor.

"Esse é o espírito, meu chapa. A palavra de nove letras *checkbook* possui uma qualidade incomum. Ela é compartilhada com um pequeno número de outras palavras, todas mais curtas, incluindo *exceeded*. Que qualidade seria essa?"

❋ Resposta na página 108 ❋

O Assassinato do Peixeiro

UMA PATRULHA POLICIAL DE ROTINA

encontrou o Sr. Frank Hale dando seu último suspiro nas ruas que cercam o Mercado de Peixe de Billingsgate, no início da manhã. Ele tinha sido esfaqueado no pescoço e aquilo claramente acontecera havia muito pouco tempo. Imaginando que o assassino deveria estar ainda ali por perto, os policiais perseguiram e prenderam o único outro sujeito na rua.

Como Hale, Rick Weir era um peixeiro, e os policiais conseguiram demonstrar que os dois eram, ao menos, rivais de profissão. Em seu interrogatório, Weir alegou desconhecer totalmente o acontecimento e disse que fugiu da polícia simplesmente por causa do instinto surgido da confusão. Como prova de sua inocência, ele apontou que não tinha nada consigo que pudesse remotamente ser usado como arma de assassinato e que não se livrara de nenhum objeto assim. Os oficiais vasculharam completamente a área, mas não conseguiram encontrar nada que pudesse ter causado o ferimento irregular de Hale.

Sem nenhuma outra pista a seguir além da gola ensopada da camisa da vítima e o ferimento irregular, a Scotland Yard estava prestes a restituir a liberdade a Weir. Foi nesse ponto em que Holmes ficou sabendo do caso e escreveu uma nota rápida ao Inspetor Lestrade. Weir foi acusado formalmente pelo assassinato em menos de uma hora.

Você consegue imaginar que ideia ocorreu ao meu amigo?

❋ Resposta na página 109 ❋

A Caixa

HOLMES RECEBEU UMA ENCOMENDA

de um pote de compostos químicos e, após guardá-los em segurança, jogou a caixa para mim.

Eu a peguei automaticamente. Parecia bem simples.

"Essa caixa tem uma tampa de 120 centímetros quadrados. O lado tem 96 centímetros quadrados e o fundo tem 80 centímetros quadrados. Quais as dimensões dela?"

❋ Resposta na página 109 ❋

Ovelhas

“ÀS VEZES, MEU CARO WATSON,

você tem de pensar fora dos limites do curral de ovelhas.”

“Uma forma curiosa de expor a ideia, velho amigo.”

“Mas deliberada”, disse Holmes. “Você tem quatro currais de ovelhas de igual tamanho. Como você disporia quinze ovelhas de modo que cada um contenha o mesmo número de animais?”

Pensei naquilo por algum tempo. “Parece impossível sem retalhar uma delas.”

“Tal trabalho é desnecessário”, Holmes respondeu. “Mas não se esqueça do meu primeiro aviso.”

❋ Resposta na página 109 ❋

Markham

"UMA QUESTÃO MUITO SIMPLES esta, Watson." Holmes indicou uma ilustração em sua mesa, que esboçava os detalhes do recente assassinato de Markham. "Tenho confiança de que mesmo você deve conseguir perceber as entranhas do crime."

Lembrei-lhe que não estava familiarizado com as particularidades do caso.

"Markham estava em seu escritório, trabalhando. Sua esposa estava na sala e disse que, apesar de seu marido ter estado um pouco preocupado recentemente, ela não tinha ideia de que ele estava em perigo. Ela percebeu uma conversa através da porta: seu marido, que soava agitado, e outra voz, mais grave, que não conseguiu identificar claramente. Então houve um grito de gelar o sangue, uma batida pesada e silêncio. Ela correu para a porta do escritório em pânico, mas, encontrando-a trancada por dentro, seguiu para fora, em direção à janela do gabinete. Esta também se encontrava firmemente trancada, com as cortinas fechadas. Seu testemunho é confirmado pela criada.

Seus gritos de socorro trouxeram a ajuda da polícia, que pôs a porta abaixo e encontrou o cômodo como está desenhado ao lado, com a cortina firmemente fechada e a janela trancada por dentro. Markham estava morto, é claro, com uma faca de caça no coração. Tanto a viúva quanto a empregada insistem que nenhum intruso poderia ter escapado sem que elas percebessem e a polícia admite que não encontrou sinais de fuga."

"Então, me diga. Quem matou Markham?"

❋ Resposta na página 110 ❋

Sobrinhos

ESTÁVAMOS NAS PROXIMIDADES

da estação de trem de King's Cross certa manhã, a propósito de um assunto envolvendo o sobrinho de um padeiro dado a roubalheiras. Eu devo deixar claro que a esperteza era toda do padeiro; o sobrinho era totalmente inocente. De qualquer forma, eu estava imerso em meus pensamentos quando Holmes me disse: "Watson, velho amigo, você sabe que é possível ser ao mesmo tempo sobrinho e tio de um sujeito?"

Aquilo me pegou desprevenido. "Com certeza, não", protestei.

"Ah, sim", Holmes disse. "E tudo perfeitamente legal, também."

"Como isso pode ser?"

"Por que você não me diz?", ele respondeu.

❋ Resposta na página 111 ❋

O Quinto Teste Mental

“TENHO OUTRO EXERCÍCIO MENTAL

para você, meu amigo.”

Desviei o olhar do meu livro. “Muito bem, meu caro Holmes. Estou certo de que é para meu benefício.”

“Imensuravelmente”, veio a resposta. “Considere por um momento que você recebeu uma moeda falsificada entre nove moedas. Ela é pouca coisa mais leve do que deveria ser, mas não pode ser diferenciada de uma moeda real. Você não consegue distingui-la à mão, mas tem uma balança de pratos. Qual o menor número de pesagens que você deve fazer para identificar com precisão a moeda falsa?”

❋ Resposta na página 111 ❋

Equidade

“TENHO AQUI UM TESTE INTERESSANTE

para suas habilidades matemáticas, meu caro Watson.”

Segurei um suspiro e preparei minha mente. “É mesmo?”

“Você pode ter notado que os dígitos pares, 2, 4, 6 e 8, somam 20, enquanto os ímpares, 1, 3, 5, 7 e 9, somam 25. É o 5, que não tem par, que faz a diferença.”

“Acompanho o seu raciocínio até aqui”, comentei.

“Excelente. Você consegue encontrar uma forma de arrumar esses dois grupos de dígitos em somas cujos totais sejam iguais? Você pode usar frações simples, se quiser, mas nada mais complexo que isso. E a única operação matemática que você pode usar é a adição.”

“Posso usar lápis e papel?”, perguntei.

“Naturalmente”, Holmes respondeu.

Qual era a resposta?

✻ Resposta na página 111 ✻

RESPOSTAS E SOLUÇÕES

PARTE UM

ELEMENTARES

UM CASO DE IDENTIDADE

"É vital pôr de lado seus preconceitos para que se possa pensar livremente, Watson. É o passo mais importante para uma dedução acertada. Não faça suposições que não sejam claramente fundamentadas nas evidências. Louise e Lisa têm outra irmã, Lucy, que também é fruto da mesma gravidez. Elas não são gêmeas porque são, na verdade, duas de três trigêmeas."

UMA IDADE DIFÍCIL

"O aniversário do nosso amigo é na véspera do ano-novo, Watson, e nosso dia em particular é 1º de janeiro. Há dois dias, em 30 de dezembro, ele tinha 25. No dia seguinte, chegou aos 26. Hoje é o começo do novo ano e, no final dele, nosso amigo chegará aos 27. No final do ano que vem, portanto, ele terá 28."

PÉS GELADOS

Uma vez que finalmente pude tirar um momento para considerar o assunto, a resposta ficou óbvia, dada minha experiência médica. É uma questão de condutividade térmica. Os azulejos de cerâmica, assim como o metal, conduzem o calor com muita eficiência; a lã, pelo contrário, não é boa condutora de calor. Então, quando você pisa na lã, o material absorve o calor dos seus pés lentamente. Em comparação, quando você pisa no azulejo, ele puxa rapidamente o calor. Então, seus pés se mantêm quentes no carpete e esfriam rapidamente na cerâmica, e você percebe a diferença como se os materiais estivessem em temperaturas diferentes, mesmo que não estejam.

A PRIMEIRA CURIOSIDADE

É possível fazer isso, mas não seria inteligente. A casa deveria estar localizada precisamente no Polo Norte. Um lar assim seria bem frio e imensamente inacessível.

O TOLO

Idiota ou não, o sujeito claramente percebeu que a história de suas más decisões era a fonte de uma renda fixa, mesmo que modesta. Pegando invariavelmente a menor moeda, ele garantia que sua lenda excêntrica continuaria. Se alguma vez pegasse a maior, provavelmente seria a última, então ele continuava aceitando a menor, sabendo que, ao longo do tempo, essa seria a melhor decisão.

CORRIDA DE COELHOS

Dada a consistência dos vários tempos envolvidos, os primeiros três quartos da corrida levaram exatamente ¾ do tempo – e a corrida toda levou 9 minutos.

O BARRIL

“O que você precisa fazer é incliná-lo para o lado apenas o suficiente para a água tocar a borda do barril”, Holmes explicou. “Então, olhe dentro dele. Se qualquer parte do fundo estiver visível, então ele está mais da metade vazio. Se qualquer parte da parede estiver coberta, ele está mais da metade cheio. Se a água estiver precisamente na junção do fundo com a parede, ele está precisamente na metade.”

“E isso seria meio cheio ou meio vazio?”, perguntei.

Holmes não se dignou a responder.

O PRIMEIRO TESTE MENTAL

Holmes se referia, é claro, ao meu nome.

ASSOVIO

"Claramente tem algo a ver com a temperatura da água", arrisquei.

Holmes assentiu. Quando não consegui continuar, ele explicou. "O líquido não se converte todo em gás ao mesmo tempo, nem a água se aquece de maneira uniforme. À medida que a água esquenta, as correntes de calor levam à formação de pequenas bolhas de vapor. Elas sobem, por serem mais leves que a água, e, apesar de algum vapor começar a se desprender, a maior parte delas encontra pontos mais frios e volta para a água. Juntas, essas pequenas implosões fazem o barulho que você escuta quando a água começa a esquentar. Quando ela chega mais próxima de seu ponto de ebulição, cada vez mais bolhas sobrevivem e o número de implosões decai rapidamente – então, você tem mais vapor e menos barulho. Só aí a água ferve."

"Incrível", comentei.

A PRIMEIRA EXTRAVAGÂNCIA LITERAL

Você deve ter notado que cada palavra tem a característica de alternar consoantes e vogais. Depois disso, descobri que a terrível honorificabilitudinitatibus é a maior da língua inglesa com essa característica, com 27 letras, e que as outras mencionadas por Holmes estão empatadas em sétimo lugar, com 15 letras de comprimento.

A REFEIÇÃO

Com todo seu conhecimento enciclopédico, Holmes tinha alguns pontos cegos notáveis. Quando o conheci, ele chegou a dizer que não se importava que a Terra girasse ao redor do Sol ou vice-versa. Cosmologia sempre foi uma fraqueza.

A mulher era Eva e o homem, Adão. Ele aceitou o fruto proibido dela e, ao comê-lo, sujeitou-se ao julgamento divino da mortalidade. Se ele não tivesse comido, teria permanecido eterno. Holmes, naturalmente, não gostou nem um pouco, mas confesso que experimentei alguma satisfação com o incidente.

EUREKA

O nível da água diminuiria, em vez de aumentar ou continuar o mesmo. Flutuando, o aço desloca uma quantidade de água igual ao seu peso; imerso, ele desloca uma quantidade de água proporcional ao seu volume e, se é pesado o bastante para afundar, é mais denso que a água e, portanto, seu volume é menor que seu peso. Ele simplesmente ocupa menos espaço, permitindo a queda do nível de água.

REGENT STREET

O homem que chegou atrasado pintou mais postes, compensando os três de seu colega adiantado com seis. Então, a diferença é de três – mas isso se aplica a ambos os lados. O sujeito atrasado fez três a mais; o que chegou mais cedo, três a menos. Portanto, o homem que chegou mais tarde pintou seis postes a mais.

CAVALGADA

A resposta não é 10 km/h, apesar de ser tentador pensar assim.

Digamos que a jornada tenha 24 km. A jornada de ida leva, portanto, duas horas, e a de volta, três. A velocidade média é encontrada somando 12+12+8+8+8 e dividindo por 5, chegando-se a uma velocidade de 9,6 km/h.

Considere agora uma viagem duas vezes mais comprida. Sua velocidade média será de quatro horas a 12 km/h + seis horas a 8 km/h, dividida pelas dez horas levadas ao todo, ou 9,6 km/h.

Então, como se pode ver, a distância é irrelevante. Você leva mais tempo à velocidade mais baixa, e isso faz a média fugir à intuitiva divisão igual entre as duas velocidades.

O SEGUNDO TESTE MENTAL

Holmes estava certo, era uma questão elementar. O ponto médio no relógio entre 3AM e 3PM é 9AM. Três horas depois disso é meio-dia.

A GANGUE

“Imagino”, disse Holmes, “que você não agiu porque nenhuma lei foi quebrada.”

“Bem...”, começou Lestrade.

“Diga-me, os bombeiros estavam salvando um animal de estimação ou uma criança? Suspeito que seja a última, pois eles entregaram a coitada à esposa.”

Lestrade desistiu: “Uma criança.”

OS GÊMEOS HAMPSTEAD

As crianças nasceram a bordo de um navio de carreira que ia da América para o Japão. O mais velho nasceu pouco antes de cruzar a Linha Internacional de Data em 1º de março; a mais nova, um pouco depois de cruzá-la, quando a data voltara para 28 de fevereiro.

Assim, oficialmente, a gêmea mais nova nasceu no dia anterior ao do nascimento de seu irmão. Em anos bissextos, o intervalo aumenta para dois dias.

O TERCEIRO TESTE MENTAL

Alfie sentou-se apenas na segunda metade da viagem. Naquela ocasião, ele teve de se levantar quando ainda faltava percorrer o equivalente à metade do caminho percorrido desde que ele se sentara – ou, em outras palavras, ele ficou sentado por duas partes daquela metade da viagem, com uma sobrando. Então, ele ficou sentado por 2/3 da segunda metade – ou 1/3 da coisa toda.

PARTE DOIS

SIMPLES

A PLACA DE SINALIZAÇÃO

"A questão é bastante simples", Holmes explicou. "Você deve apenas pegar o poste e apontar a placa que indica a direção de Mercaston para o caminho de que você acaba de vir. Então, todas as outras cairão nas posições normais e você poderá facilmente ver o caminho correto para o seu destino."

ÁGUA EM VINHO

"Para resolver o enigma, Watson, basta supor que o volume de cada taça é conhecido. Sendo um problema que envolve apenas proporções, a resposta será a mesma para qualquer volume que possamos escolher.

Supondo que a taça menor tenha 90 ml e a maior 180 ml, enchemos a menor pela metade com vinho (45 ml) e a maior com um terço (60 ml). Depois, completamos as duas taças com água (45 ml na menor e 120 ml na maior).

Ao despejar na jarra, teremos 45 + 60 = 105 ml de vinho e 45 + 120 = 165 ml de água. Portanto, na jarra o vinho ocupa 105 ml dos 105 + 165 = 270 ml de líquido total.

Isso dá uma proporção de vinho em relação ao líquido total de 105 / 270, ou simplificando a fração, 7/18."

ALBY

Holmes considerou cuidadosamente a questão por um momento. "Está claro que seu primo é um empregado exemplar, então ele com certeza não está no trabalho durante seu repouso diurno. Presumo, portanto, que ele trabalhe no turno da noite e viva em um porão convertido ou algum quarto similar que esteja situado na parte de baixo de escadas que ele precise descer."

A Sra. Hudson pareceu genuinamente feliz por sua charada ter sido resolvida tão rápido.

A SEGUNDA EXTRAVAGÂNCIA LITERAL

As palavras em questão têm todas as suas letras dispostas em ordem alfabética – ou, no caso de spoonfeed, na ordem alfabética invertida. Como curiosidade adicional, Aegilops é a palavra mais comprida da língua inglesa na ordem normal e spoonfeed, a maior na ordem invertida. Se você preferir excluir palavras com letras consecutivas repetidas, sponged e wronged destronam a pobre spoonfeed.

O TEMPO

"Para resolver o enigma, vamos chamar de x o número de minutos que se passou desde o meio-dia de hoje.

Um quarto do tempo do meio-dia até agora seria x/4. Como do meio-dia de hoje até o meio-dia de amanhã temos 24 horas, ou 24 x 60 = 1440 minutos, metade do tempo que falta de agora até o meio-dia de amanhã é igual a (1440-x)/2.

Como o problema informa que somando as duas quantidades anteriores temos a hora atual, basta resolver a equação x/4 + (1440-x)/2 = x. Temos, então, x = 576 minutos, ou seja, 9 x 60 + 36 ou 9 horas e 36 minutos após o meio-dia. São, portanto, 21h36."

A SEGUNDA CURIOSIDADE

É claro que eu estava errado. Se você tem três quartos, então um quarto equivale a um terço daquela quantia, e não um quarto.

O NATAL DA SRA. HUDSON

O menor grupo que se encaixa na descrição é de sete pessoas – um casal, os pais do marido, e os três filhos do casal, duas meninas e um menino. A Sra. Hudson precisa arrumar oito lugares, incluindo o seu próprio.

NEVE

A resposta está na passagem do vento. Uma superfície larga e plana como a lateral de uma casa desviará consideravelmente o vento. Ele acaba perdendo intensidade a alguma distância da casa, para conseguir fluir para além dela, e isso evita que um percentual considerável da neve seja jogado contra a residência. Isso não ocorre com algo tão pequeno – e redondo – como um poste de telégrafo, então proporcionalmente mais neve se acumula abaixo dele.

DAVY

"A questão é que a tela fina evita que a chama escape de seu confinamento. Seus buracos são muito finos para permitir que ela se propague sem perder a coesão. É vital manter a tela em perfeitas condições, no entanto; um único elo quebrado pode ser o bastante para estragar o efeito."

SUFFOLK

Usando-se o teorema de Pitágoras e observando que a linha direta de Gosbeck até a estrada Crowfield-Hemingstone corta a rota formando dois triângulos retângulos, o problema pode ser rapidamente analisado. A linha direta de Gosbeck até a estrada I deveria levar 12 quilômetros, formando o lado mais comprido do triângulo com Crowfield, e a linha mais curta do triângulo com Hemingstone. A soma dos valores das duas hipotenusas é 35 e, a partir disso, fica rapidamente claro que a distância de Crowfield a Hemingstone é de 25 quilômetros. Tendo andado 10 quilômetros a mais.

O FOGO

Após eu finalmente admitir que provavelmente acabaria queimado, Holmes apontou que o correto seria eu começar outro fogo, a uma distância pequena da extremidade que ainda não estava queimada. Como o vento está soprando em uma direção fixa, a nova conflagração será orientada para a mesma direção que a anterior. Em seu rastro, o novo incêndio deixará apenas terra queimada. À medida que ele avançasse, eu poderia segui-lo rumo à área queimada e, quando o incêndio maior chegasse, ele não conseguiria tomar esse espaço. Assim, eu criaria para mim uma ilha segura – a partir do próprio fogo.

O TESTAMENTO

Para desvendar a questão, Holmes considerou a intenção aparente do falecido. E ela era, claramente, de que um filho deveria ficar com o dobro da viúva, que, por sua vez, deveria ficar com o dobro da herança de uma filha. A resposta era dividir a propriedade em sétimos, dando uma porção para a menina, duas para a mãe e quatro para o filho.

MODÉSTIA

Com 21 anos entre a criança mais velha e a mais nova, a moça deve ter 24 anos, e seu irmão, apenas 3.

O CATADOR

Holmes explicou que era a areia da praia que causava a tonalidade intensa do bronzeado. Na opinião dele, a areia reflete a luz do sol de modo mais eficiente que grama, pedra, terra ou água. Então, enquanto um fazendeiro ou pescador pode se queimar bastante, apenas um homem que tenha passado bastante tempo em uma praia obteria aquela aparência com um bronzeado tão distinto.

A CASA

Como acabou se descobrindo, a jovem fora contratada principalmente por sua semelhança física com a filha do empregador. A infeliz moça começara um romance com um rapaz menos abastado, um marinheiro, a que o pai se opôs violentamente. Enquanto sua filha se mantivesse solteira, ele teria o usufruto da herança deixada a ela pela falecida mãe – a senhora da casa era, portanto, a nova madrasta da moça.

O pai decidiu mandar ao marinheiro uma mensagem encerrando o romance e confinar a filha em um pequeno quarto no topo da casa. A cliente de Holmes estava lá para dar a falsa impressão de que tudo estava como sempre. Tirando o corte de cabelo original de nossa cliente, as duas jovens tinham um mesmo tipo físico, e os afazeres que o casal a mandava desempenhar deveriam passar ao namorado a impressão de que a vida continuava normalmente. Ele obviamente não acreditou em nada daquilo.

Tudo terminou bem, com os amantes casados e livres de interferência e nossa cliente felizmente segura.

PARTE TRÊS

ARDILOSOS

A ESTATUETA

"Watson, velho amigo, é melhor que você fique na medicina", Holmes disse. "Os dois homens estavam mancomunados. Eles escolhem um item; um deles o compra e fala sobre o valor de seu par, então o outro o vende para o mesmo antiquário, com um preço astronômico. Eles dividem os lucros e, quando o pobre comerciante aparece esperando vender o que ele acha ser a peça que forma o par, seu cliente original já se foi. Em vez de ganhar £800, ele perdeu £200. A dupla só foi pega porque ficou gananciosa demais e tentou dois golpes similares em Londres em um espaço de tempo muito curto."

MÃOS GELADAS

Há dois fatores responsáveis pelo efeito gelado do sopro mais forte. Um é a evaporação. Quando o ar é soprado na sua pele, moléculas de água mais energizadas evaporam. Isso reduz a energia média das moléculas que sobram e reduz a temperatura delas, deixando você mais frio. Esse processo ocorre mais rápido com um sopro mais forte, principalmente porque a velocidade maior do ar leva uma porção maior do seu suor a passar para o estado gasoso.

O outro, menos influente, é a expansão gasosa. Quando o ar sai dos seus lábios comprimidos, ele se espalha a partir dessa posição em que estava. O ato de ocupar um espaço maior reduz sua temperatura, por causa de razões um tanto abstratas. Isso significa que o ar realmente está um pouco mais frio.

DEDICAÇÃO

Estou, é claro, falando de relógios – variando de o número de componentes das ampulhetas, com sua miríade de grãos de areia, ao bom e velho relógio de sol. Relógios de pêndulo podem ser maiores que um homem, enquanto algumas ampulhetas realmente minúsculas estão disponíveis.

GRÃOS DE AREIA

A resposta mais simples é que não, porque, na maior parte do tempo, o peso do aparato não se alterará. O peso dos grãos que estão em queda livre é contrabalançado pelo aumento da pressão exercida pelos grãos que atingem o fundo. Há uma leve redução do peso quando a areia começa a cair, antes que qualquer grão tenha atingido o fundo, e um ligeiro ganho de peso no fim, quando não há areia começando a cair, mas ainda há alguns grãos atingindo o fundo.

A PEDRA VERDE

Apesar de os poderes de dedução do meu amigo estarem bem além de mim, consegui perceber em que ele estava pensando nessa ocasião. O veneno estava no gelo da primeira bebida que lhes foi servida. Rebecca bebeu rapidamente, antes que o gelo tivesse tido tempo de derreter, e escapou do perigo. Seu marido, com bem menos pressa, esperou demais e ingeriu uma dose fatal. Felizmente, essa explicação ajudou nossa cliente a eliminar uma parcela de sua culpa e lhe permitiu começar a guardar o luto com propriedade.

A TERCEIRA CURIOSIDADE

Depois de pensar, concluí que não; aquilo era uma grande fraude. Dois círculos de 6" juntos têm metade do tamanho de um com 12". A Sra. Hudson deveria ter pago metade do preço normal.

O CULTO DA ESTRELA VERMELHA

No final, ele estava se referindo ao mesmo homem em cada uma dessas relações. A mãe da vítima era irmã do assassino (cunhado do pai). A vítima tinha um irmão, que se casara com a filha do assassino (sogro do irmão) e ele mesmo havia se casado com a filha do irmão do assassino (irmão do sogro).

CAVIDADES

"Elas contribuem de duas formas", Holmes informou. "Primeiro, deixando a superfície da bola irregular, elas ajudam a segurar por mais tempo o ar por que passam. Isso reduz o rastro que a bola deixa no ar, reduzindo, assim, o atrito. Menos atrito, menor desaceleração, portanto a bola voa mais longe. Depois, temos a rotação da bola. Os tacos de golfe fazem-na girar para trás e, graças a isso, o ar em volta dela é empurrado para baixo, fazendo com que ela suba e aumentando bastante sua distância. Sem as cavidades, o ar tenderia simplesmente a passar pela bola sem ser empurrado."

A TERCEIRA EXTRAVAGÂNCIA LITERAL

Todas são palavras em que não há repetição de letras. Tendo mais de 15 letras cada uma, elas usam mais da metade do alfabeto. Fiquei surpreso quando percebi que, apesar disso, há seis letras que não aparecem em nenhuma delas.

O QUARTO TESTE MENTAL

Os quatro descendem diretamente um do outro. É a única forma de organizar o enrosco. George é o pai de Alfie, Fred é o filho de Alfie e Harry é o pequeno neto de Alfie.

O RELÓGIO

"É a diferença na pressão atmosférica", Holmes me informou. "Lá no alto, o ar é mais rarefeito. Fica mais difícil de respirar, mas também significa que o ar oferece menos resistência à mola do relógio. Isso faz com que ele funcione mais depressa."

A BICICLETA

Se você processar ano a ano e considerar as proporções, a resposta logo ficará aparente. Três vezes 13 é 39, sete anos de diferença; um ano depois, três vezes 14 é 42, cinco anos a menos que a nova idade da mãe, 47. Então, para cada ano que se passa, o tempo para tirar a diferença cai em dois anos. Se você usar anos inteiros, no entanto, o intervalo passará de 1 ano para -1 ano, então você precisa usar um meio ano para que o intervalo chegue a zero. Aos 15, a diferença é de 3 anos, aos 16 é de 1, então, aos 16½, ela terá exatamente um terço da idade da mãe, que terá 49½. A menina terá de esperar 3½ anos.

QUADRADO PERFEITO

Você irá descobrir que o menor número quadrado perfeito que usa cada um dos dígitos apenas uma vez é 139.854.276.

A QUARTA EXTRAVAGÂNCIA LITERAL

MOM e OTTO possuem simetria vertical, ou seja, elas são simétricas, se divididas ao meio e rebatidas.

A TROCA

É interessante que o número de pares de horários em que os ponteiros do relógio trocam exatamente de posição possam ser calculados assim: considere quantas horas cheias existam do horário atual até a meia-noite e subtraia um. Agora são 3 horas, então faltam nove horas para a meia-noite e nosso valor é oito. Pegue, então, esse valor e some a ele os números inteiros, na ordem, de um até o número igual ao do valor. Se o valor fosse dois, você somaria 1 e 2, chegando a 3, mas o nosso total é 8. Fazendo essa soma, 1 + 2 + 3 + 4 + 5 + 6 + 7 + 8 dá 36, a resposta certa.

O CIRCO

O artista assassinado havia se enamorado da assistente do mágico, mas tinha um rival mortalmente enciumado – o maestro. O número do trapézio usava a trilha sonora para acertar a sincronia de frações de segundo. Holmes ouviu o maestro mudar o tempo da música, acelerando-a o suficiente para que, quando o trapezista fizesse seu salto, o companheiro estivesse fora de posição. Ele pulou muito cedo, confiando na música, e caiu para a sua morte.

PARTE QUATRO

DIABÓLICOS

EM PARIS

Como Holmes apontou mais tarde, as únicas possibilidades razoáveis seriam a mulher ser doida ou todos os funcionários do hotel estarem tramando contra ela. A primeira suposição, por mais razoável que fosse, dificilmente o levaria a me apresentar o problema.

A equipe do hotel estava mesmo mancomunada. O irmão fora diagnosticado com um caso grave de febre tifoide durante a noite e foi imediatamente levado para um hospital pequeno e quieto fora da cidade. Temendo que a notícia sobre a infecção mortal levasse pânico aos visitantes da Feira Mundial, causando um desastre financeiro escandaloso, o gerente lacrou e disfarçou o quarto e determinou que todos os funcionários se mantivessem firmes quanto aos questionamentos da moça.

POP POP

"É uma questão de pressão do ar", Holmes disse. "O calor da caldeira transforma a água dentro dela em vapor. Ele ocupa muito mais espaço que a água, então a pressão força a expulsão da água na forma de um jato, cuja força empurra o barco para frente. A temperatura relativamente mais baixa do cano de exaustão – comparada à da caldeira – leva o vapor a se condensar de volta quase imediatamente. Isso cria um vácuo, uma vez que o mecanismo está isolado do ar, e a água é puxada de volta para a posição que ocupava antes de começar a evaporar. Ela é, então, reaquecida, volta a virar vapor, e o ciclo se repete."

"Muito bem", respondi, "mas por que a segunda parte da operação não cancela a primeira?" "Ah, essa é a parte inteligente. Quando a água é expelida, ela sai em apenas uma direção, com toda a sua força concentrada, então o barco acelera no sentido oposto. Mas, quando ela é puxada de volta para dentro, vem de todos os lados em volta do cano, em todas as direções, então a força fica dispersa e o barco não reage a ela. Se você quiser uma demonstração, tente apagar uma vela puxando o ar em vez de assoprar. Cuidado, no entanto, para não se queimar!"

EVASÃO

"Considere primeiro um dado. 4, 5 e 6 podem ser descontados, pois suas posições serão fixadas pelos números que os precedem. Assim, 1 pode ser marcado em qualquer face, marcando-se o 6 na face oposta. Sobram quatro faces para o 2 e o 3, com seus respectivos opostos. Porém, para que um dado seja realmente diferente do outro, há apenas duas possibilidades: marcar o 2 e o 3 em sentido horário ou anti-horário com a face do 1 para cima. Qualquer outra marcação, após os dados terem sido agitados, seria a mesma de uma das anteriores.

Portanto, colocando-se o 2 e o 3, fixou-se a posição do 5 e do 4, respectivamente. Assim, há apenas duas maneiras de se imprimir um dado. Chamaremos de dados tipo A e B.

Para o conjunto de três dados, podemos então considerar as seguintes possibilidades: três dados A, três dados B, dois dados A e um dado B e dois dados B e um dado A. Como se pode ver, há apenas 4 possibilidades diferentes para o conjunto dos 3 dados. Qualquer outra possibilidade pode ser descartada por ser uma rotação ou troca de ordem dos dados."

A QUINTA EXTRAVAGÂNCIA LITERAL

Devo admitir que não consegui encontrar uma resposta até que Holmes me sugeriu escrever as palavras em caixa-alta, então fiquei com CHECKBOOK e EXCEEDED. Ficou claro, então, que elas eram inteiramente compostas de letras que, em caixa-alta, possuem simetria horizontal. Se você colocar um espelho sobre a metade de cima da palavra e refletir com ele a metade de baixo, ela não será alterada.

O ASSASSINATO DO PEIXEIRO

"Que lâmina um homem poderia deixar no pescoço de seu inimigo e, ainda assim, desaparecer no ar em poucos minutos, Watson?"

Tive de confessar minha estupefação.

"Gelo, meu caro. Um espigão de gelo. Pode ser feito facilmente e trazido com o gelo que conserva a pescaria do dia. Ele ficaria, por vários minutos, forte o bastante para criar um ferimento cortante, mas desapareceria completamente em pouco tempo, particularmente se deixado dentro do calor da carne. O horário da patrulha pegou Weir desprevenido, mas, ao correr, ele garantiu que os policiais ficassem distraídos por tempo suficiente até que a arma derretesse."

A CAIXA

Por extensão do teorema de Pitágoras, pode-se ver que as áreas da tampa e do lado multiplicadas uma pela outra e depois divididas pela área do fundo, dão o quadrado do comprimento. 120 x 96 / 80 nos dá 144, então a caixa tem 12 centímetros de comprimento. Daí, é simples ver que ela tem 10 centímetros de largura e 8 de profundidade.

OVELHAS

"Em nenhum momento eu disse que os currais deveriam estar vazios quando você começasse, Watson. Se um deles já contiver uma ovelha, a questão é trivial. Não apresento esse problema para brincar com você, mas para enfatizar que é vital procurar soluções que estejam além do óbvio."

MARKHAM

"Podemos usar duas linhas de raciocínio para resolver esse problema. Uma é a elíptica. Você pode reparar que, na mesa lateral, há um frasco de remédios ao lado do jarro de uísque. Markham estava doente e, como a viúva não mencionou isso, podemos imaginar que ela não soubesse. Além disso, o prospecto fica meio sombrio quando um homem guarda sua medicação perto de bebidas alcoólicas."

"A outra abordagem é mais direta. O cômodo estava trancado por dentro, e nos disseram que é impossível que o intruso tenha escapado sem ter sido visto. É razoável que tanto a viúva quanto a criada estejam mancomunadas, mas, se permitiram que um malfeitor escapasse, como trancaram o quarto sem serem pegas lá dentro?"

"Não, Watson, a questão é bem mais direta. Se é impossível que qualquer pessoa tenha escapado, então o improvável deve ser verdade e o assassino ainda está lá dentro – morto. O prognóstico de Markham deveria ser sombrio o bastante para que ele não quisesse sofrer por todo o seu curso. Ele trancou o quarto, encenou a discussão e tirou a própria vida. Se você olhar em seus papéis, tenho certeza de que encontrará um seguro de vida que pague muito bem em caso de assassinato, mas que não pague nada em caso de suicídio. Deixe a polícia procurar seu improvável suspeito, no entanto. Não vejo necessidade de incomodar mais a viúva."

SOBRINHOS

"É bastante elementar, meu caro. Se dois homens se casarem com as mães um do outro e ambos tiverem filhos com suas novas esposas, esses filhos serão, ao mesmo tempo, tio e sobrinho um do outro, da mesma forma que um será o irmão do pai do outro. Há outras formas de alcançar esse parentesco, mas essa é a mais direta."

O QUINTO TESTE MENTAL

Depois de eu pensar no assunto por um tempo, Holmes veio me socorrer. "Você pode fazer isso com apenas duas operações", assegurou. "Divida as moedas em três pilhas de três. Ponha duas na balança e compare-as. Se um dos lados estiver mais leve, aquela pilha contém a moeda falsa; se os dois estiverem iguais, a falsa está na terceira pilha. Tire as moedas da balança e pegue a pilha que contém a moeda falsa. Agora ponha duas das moedas na balança e compare novamente. Se uma estiver mais leve, essa é a falsa; se estiverem iguais, é a moeda que ficou de fora. O método é infalível."

EQUIDADE

A solução que me ocorre mais naturalmente é esta:

79 + 5 + 1/3 = 84 + 2/6.

Não acredito que isso possa ser feito sem o uso de frações.

COQUETEL
LIVROS E REVISTAS COQUETEL
Para deixar sua mente
e corpo EM FORMA!
jogos inteligentes
saúde e bem-estar
livros de passatempos
NAS BANCAS E TAMBÉM NA lojasingular.com.br